Armin Gebhardt

Die Pompadour

Armin Gebhardt

Die Pompadour

Frankreichs ungekrönte Königin

Tectum Verlag

Armin Gebhardt

Die Pompadour.
Frankreichs ungekrönte Königin

ISBN: 978-3-8288-9883-7

Umschlagabbildung: Porträt der Madame de Pompadour von François Boucher (Ausschnitt), um 1750
auf: www.zeno.org/Kunstwerke/B/Boucher,+François%3A+Porträt+der+Madame+de+Pompadour+[1]?hl=pompadour

Besuchen Sie uns im Internet
www.tectum-verlag.de

Bibliografische Informationen der Deutschen Nationalbibliothek
Die Deutsche Nationalbibliothek verzeichnet diese Publikation in der Deutschen Nationalbibliografie; detaillierte bibliografische Angaben sind im Internet über http://dnb.ddb.de abrufbar.

François Boucher: Porträt der Madame de Pompadour (1759), Öl auf Leinwand (91x69cm)
Unter: http://zeno.org/Kunstwerke/B/Boucher,+Fran%C3%A7ois%3A+Portr%C3%A4t+der+Madame+de+Pompadour+%5B2%5D?hl=pompadour

Hyacinthe Rigaud: Portrait von Louis XV, König von Frankreich (1730), Öl auf Leinwand
Unter: http://de.wikipedia.org/w/index.php?title=Datei:LouisXV-Rigaud1.jpg &filetimestamp=20070306164836

Inhalt

I. Der Hof von Versailles

Entscheidend war der Hof von Versailles geprägt worden durch den „Sonnenkönig" Ludwig XIV. von Frankreich.

Dessen väterlicher Amtsvorgänger Ludwig XIII. (1601-1643) hatte den politisch genial operierenden Kardinal Richelieu 1624 zum Ersten Minister seines Staatsrates berufen. Außenpolitisch außerordentlich erfolgreich hatte Richelieu den auf Regierungsmitbeteiligung versessenen französischen Schwertadel systematisch zurückgedrängt. Auch dadurch verhalf er seinem Monarchen zu einer Vormachtstellung im europäischen Staatensystem. Während der Jugendzeit des 1638 geborenen Sohnes jenes Ludwig XIII. und der Anna von Österreich setzte der ebenfalls durchgriffsfähige und weitsichtige Chefminister Kardinal Mazarin Richelieus Politik in den folgenden Jahren von 1642 bis 1661 erfolgreich fort. Sein Hauptverdienst war die Niederschlagung der Rebellion des Schwertadels gegen die königliche Suprematie. Die Krone hatte sich einmal mit dem Pariser Bürgerparlament, zum anderen mit dem französischen Klerus verbündet und so die beiden für sie gefährlichen Adels-„Fronden" 1648/49 und 1651 glücklich überstanden.

Beide Male hatte die geflüchtete königliche Familie in ihre Metropole zurückkehren können. Und der heranwachsende Ludwig XIV. war nun fest entschlossen, den Status des französischen Monarchen zum unangreifbaren und unerschütterlichen absolutistischen Herrschaftsmonopol auszubauen.

Den entmachteten Schwertadel versöhnt der Sonnenkönig mit dem Glanz repräsentativer, politisch jedoch bedeutungsloser Hofämter, vermittelt ihm ein höchst angenehmes Dasein inmitten einer prunkvoll schillernd sich entfaltenden Hofgesellschaft - während die reell effektiven Staatsämter in Administration und Gerichtswesen dem sogenannten Beamtenadel zufallen. Vom Adel geschieden ist das vor allem bei Bankiers, Großkaufleuten und Exporteuren sich herausbildende Großbürgertum und das namentlich durch Handwerker und Kleinhändler repräsentierte Kleinbürgertum. Und unter jenem „Dritten Stand“ gibt es dann noch das „Parterre“, das die zahlreiche Landbevölkerung mit ihren oft drückenden Steuerauflagen erfasst. Vor allem in seinem ersten Regierungsjahrzehnt und während seiner anfangs siegreichen Kriegsführung danach darf sich Ludwig XIV. durchaus im Allgemeinen der Treue und des Beifalls seines Volkes erfreuen.

Unter der Herrschaft seines Nachfolgers und Urenkels, des Königs Ludwig XV., hat - nun schon während des 18. Jahrhunderts - jene scheinbar glanzvolle Hofgesellschaft seine eigene Entwicklung hinter sich gebracht. Unverändert von Adelsvertretern geprägt, hat sie eine sich ständig verfeinernde Daseinskultur in Versailles durchgesetzt und ist dabei gleichzeitig an die zahlenmäßige Tausendergrenze angewachsen.

Die lässige Eleganz in dem prunkenden Rokokoglanz der Versailler Hofsalons täuscht freilich partiell über die mitunter gefährlichen menschlichen Umtriebe in denselben hinweg. Die Höflinge bewegt zumeist der Drang nach gesellschaftlicher Macht und nach entsprechendem Ansehen. Anvisiertes Ziel: in der Rangordnung aufsteigen; zumindest Geldwertes erlangen. Dabei stehen die vielen Adligen automatisch untereinander im Konkurrenzverhältnis. So entfalten sich notwendigerweise Ränke, Kabalen und Intrigen; Machenschaften möglichst im Verborgenen. Unter scheinbarer Wahrung der Etikette wechseln Gunsterweise mit gesellschaftlichen Rückstufungen. Heraus bilden sich Beziehungen, Abhängigkeiten, Vernetzungen, die sich dann im weiteren Verlauf nicht mehr übersehen lassen. Da immer mehr Adlige an den Hof von Versailles drängen, bleibt es auch nicht aus, dass sie sich zeitweise mit der untergeordneten Stellung eines Kammerdieners oder einer Kammerfrau begnügen müssen.

Im Mittelpunkt jenes bunten, kaum noch übersehbaren Hoflebens stehen Seine Majestät, der Monarch. Wenn auch nicht von der imposanten, grandseigneuralen Statur seines Amtsvorgängers und Urgroßvaters, des Sonnenkönigs, so verkörpert Ludwig XV. gleichwohl das unangefochtene absolutistische Regime. Kontakt zu ihm zu finden, erscheint seinen Höflingen als die Krönung ihrer Aufstiegshoffnungen. Denn - aus heutiger demokratischer Sicht - vereinigt er die drei Staatsgewalten in seiner Person: die Legislative (Gesetzgebung), die Exekutive (Regierung) und mittelbar auch die Judikative (Rechtsprechung).

Den Höflingen bleibt zumeist verborgen die Aversion König Ludwigs XV. gegen jedwede öffentliche Tätigkeit, auch schon gegen das ihm aufgezwungene Zeremoniell. Zwar besucht er die kirchliche Messe an jedem Morgen, hört sich danach die Sachvorträge seiner Minister an, empfängt hin und wieder ausländische Diplomaten und gelegentlich auch Parlamentsmitglieder, nimmt öffentliche Vereidigungen seiner Minister und Marschälle vor, speist manchmal coram publico morgens beim Dejeuner, mittags beim Diner, und lässt sich hin und wieder abends als Besucher im Theater sehen. Doch ansonsten vermeidet er Kontakte nach außen.

Nur zu gern zieht sich Ludwig XV. in seine schlichten Privatgemächer zurück, auf sich selbst. Er, der sich begrenzt für Musik und Architektur interessiert, entwickelt ein Faible für Kartenkunde, für Erdkundliches, auch für physikalische Gerätschaften.

Viel Sonderbares in der Lebenshaltung Ludwigs XV. erklärt sich auch durch die Abnormität seines Regierungsantrittes. Seinem beeindruckenden Urgroßvater, dem unangefochten in seiner Machtfülle regierenden Sonnenkönig, folgt er auf den Thron, da Ludwig XIV. binnen drei Jahren einen Sohn, zwei Enkel und auch noch seinen ältesten Urenkel durch den Tod verloren hatte. So wird der 1710 Geborene schon im Alter von fünf Jahren französischer König.

Und er hat Glück mit seinen Erziehern. Mit dem Herzog Philipp von Orléans, der für ihn mit einigem Geschick die Regierungsgeschäfte führt. Und mit seinem Hauslehrer Bischof André de Fleury, der nicht nur die geistige Ausbildung seines königlichen Zöglings zuverlässig überwacht, sondern ihn auch in unerschütterlicher Treue zu ihm gegen Gefahrenmomente aller Art abschirmt. Dem zur Melancholie neigenden Jungen zuliebe hatte Fleury sogar auf den ihm angebotenen, begehrten Sitz eines Erzbischofs von Reims verzichtet.

Als Ludwig XV. das Alter von 13 Jahren erreicht hat, wird er am 16.02.1723 in einem feierlichen Staatsakt für mündig erklärt. Bald danach gibt auch Fleury seine Erzieherfunktion auf, bleibt jedoch gleichwohl des jungen Königs engster Vertrauter.

Um nun nicht nur dem Dreizehnjährigen, sondern auch gleich dem gesamten zeitpunktmäßigen Unfug die Krone aufzusetzen, beschließen die Mitglieder des interimistischen Kronrates, dem noch völlig unreifen König eine Ehefrau aufzuhalsen.

Die Wahl fällt auf Maria Leszczýnska. Sie ist die Tochter jenes Stanislaus Leszczýnski, der während des Nordischen Krieges 1704-1709 mit Hilfe des aggressiven Schwedenkönigs den polnischen Thronsessel des vorübergehend vertriebenen sächsischen Kurfürsten

August des Starken eingenommen hatte. Der dann jedoch nach dessen Rückkehr sich nach dem Elsass abgesetzt hatte, wohin ihm zur Bestreitung seines Unterhaltes der Sonnenkönig eine Jahresrente von 50.000 Livres überwies.

Mit ungewöhnlichem Pomp, unter Triumphbögen, bei prasselnden Feuerwerken wird die Hochzeit des fünfzehnjährigen Ludwigs XV. mit der zweiundzwanzigjährigen Maria Leszczýnska 1725 in Frankreich gefeiert. Der junge König erlebt seine erste sexuell aktive Phase. Doch nur zu bald langweilt ihn die reizlose, wenig attraktive legale Bettgenossin. Tagsüber verbarrikadiert sie sich gleichsam in ihrem Stubengelass, will von Jagdfreuden und Theatererlebnissen nichts wissen. Meidet Gesellschaften, ergeht sich in Bigotterien. Sie bringt zwar ein paar Kinder zur Welt, verweigert dann aber den ehelichen Verkehr.

Ein unerträglicher Zustand für den inzwischen zu einem stattlichen Jüngling herangewachsenen, gutaussehenden Ludwig! Seine gewitzten Kammerdiener führen ihm hübsche leichte Mädchen zu, die sich für eine Nacht in seinem Bett mit einem beachtlichen Geldbetrag in Livres begnügen.

Für die Versailler Hofgesellschaft ist es ein schon fast alltäglicher Zustand, wenn sich ihr Monarch eine passable Zweitfrau zulegt. So fällt es nicht sonderlich auf, wenn sich Ludwig XV. den Schwestern de Nesle zuwendet. Eine von ihnen, Madame de Meilly, erreicht beinahe den Status einer königlichen Mätresse. Die wird freilich bald verdrängt von ihrer jüngeren Schwester. Als diese vom König geschwängert wird, muss sie dessen Umkreis meiden und wird, angemessen ausgestattet, mit einem der Höflinge verheiratet. Jetzt ist die dritte de Nesle-Schwester an der Reihe: die verwitwete Marquise de la Tournelle. Deren Protektor ist Louis Francois Armand du Plessis, Herzog von Richelieu und Großneffe des berühmten Kardinals Richelieu. Der schiebt sie dem König zu mit dem Hintergedanken, über sie dessen Premierminister zu werden; er schafft es allerdings zunächst nur bis zu dessen Erstem Kammerherrn. Sie hingegen erreicht den Status einer allseits respektierten Mätresse, und Ludwig XV. wendet ihr sogar im Oktober 1743 das Herzogtum Chateauroux mit einem jährlichen Einkommen von 86.000 Livres zu. Monate später erkrankt Ludwig an einem gefährlichen Fieber; sie steckt sich bei ihm an. Doch während der königliche Liebhaber von dem Fieber genest, zeitigt die Fünfundzwanzigjährige eine unaufhaltsame Leidensprogredienz.

Am 7. Dezember 1744 stirbt die Herzogin von Chateauroux. Damit schlägt die Stunde der berühmtesten aller Mätressen.

II. Die Pompadour als Sexgefährtin König Ludwigs XV.

Jeanne-Antoinette Poisson ist die Tochter des bankrottierenden Kleinfinanziers Lenormant de Tournehem und einer leichtlebigen Geliebten mehrerer Ehemänner aus ihrem Bekanntenkreis. Der am 29. Dezember 1721 Geborenen folgt im Jahre 1725 der Bruder Abel François. Ab 1729 lässt sie die Mutter, die ihre Ehe 1727 hat scheiden lassen, im kirchlichen Internat einer Ursulinenschule erziehen. Später vermittelt ihr die Mutter Unterricht in Tanz, Gesang und Schauspielerei. Im Salon der mit der Mutter bekannten Madame de Tencin, der von bedeutenden Vertretern der höheren Gesellschaft aufgesucht wird, erhält die heranwachsende Jeanne-Antoinette erste Eindrücke vom Umgang mit der „Großen Welt". Am 9. März 1741 heiratet sie in der Pariser Kirche Saint Eustache den Neffen ihres Vaters, den Geschäftsmann Charles Guillaume Le Normant. Finanziell gut abgesichert findet das Ehepaar Le Normant d'Etoiles bald Zugang zu den „besseren" Gesellschaftskreisen.

Doch das Eheleben entwickelt sich für die Madame d'Etoiles unbefriedigend. Zudem will sie auffallen, will gesehen werden. Die Hochgewachsene, voll Erblühte verkörpert das, was man eine strahlende Schönheit nennt - von beeindruckten Männern und von neidenden Frauen gleichermaßen bewundert. Ausgebildet in Tanz, Gesang und Cembalospiel, gleichermaßen in Redekunst und Koketterie zu Hause, eröffnet sich ihr bald der Zutritt auch zu adligen Salons.

Auch das reicht ihrem Ehrgeiz nicht. Sie will zur Versailler Hofgesellschaft stoßen. Und sie will auf den Menschen treffen, der Frankreichs höchste Macht verkörpert. Doch gerade das erweist sich als höchst schwierig, als nahezu aussichtslos.

Sie legt es darauf an, bei einem Jagdvergnügen des Königs im Wald von Sénart demselben zufällig zu begegnen. In jenen Tagen stirbt dessen offizielle Mätresse, die Herzogin von Chateauroux.

Kurz danach bezirzt Jeanne-Antoinette als verkleideter Domino Ludwig XV. anlässlich eines pomphaften Maskenballes im Pariser Hotel de Ville, der zur Hochzeit des Dauphins mit der spanischen Infantin Maria Theresia im Februar 1745 stattfindet. Sie vergisst nicht, vor ihm ihre Maske vom Gesicht zu reißen und anschließend recht auffällig zu flüchten. Einige Wochen später gelingt ihr ein längerer Blickkontakt zu ihm, als sie inmitten des Versailler Theaters wie rein zufällig in einer Nachbarloge sitzt.

Von ihrer aparten Erscheinung ist der König fasziniert. Er lädt die hinreißend schöne Frau in seine Gemächer ein. Von Beginn an zeigt sie sich von liebenswürdiger Bescheidenheit, von unaufdringlicher Zärtlichkeit in taktvollen Grenzen. Ihr gleichwohl frisches Wesen kontrastiert seinem eher trübseligen Naturell, das oft genug in Depressionen abgleitet. Aus denen sie - das wird ihr schon nach den ersten Liebesnächten klar - ihn immerfort herausholen muss. Fade genug erscheinen ihm bald seine bisherigen Bettgenossinnen. Mit ihrem Scharfsinn, ihren phantasievollen Einfällen weiß sie ihn mehr und mehr zu fesseln. Und sie ahnt nicht nur, sie begreift recht bald, dass sie ihn nicht mit Ärgernissen konfrontieren darf. Und dass sie erst recht keine Situationen schaffen darf, die in ihm Misstrauen wecken könnten.

Madame d'Etoiles verbirgt, so gut sie kann, ihre Unsicherheiten vor der ihr noch fremden Hofgesellschaft von Versailles. Denn ihre neue Position schwebt in Ungewissheit. Ausschließlich vor dem königlichen Liebhaber präsentiert sie ihre Tanzkünste, ihre Rezitation eingängiger Gedichte, ihr Spiel auf dem Cembalo. Bald macht es ihm Spaß, auf einem kleinen, benachbarten Rasenstück mit ihr zu gärtnern. An seinen Jagdausflügen darf sie freilich kraft der geltenden Hofordnung nicht teilnehmen. Doch recht bald entdeckt man Beide Arm in Arm auf ihren Spaziergängen im Versailler Parkgelände.

Im Herbst 1745 verfügt sie sich in die Gemächer der verstorbenen letzten Mätresse des Königs, jener Herzogin von Chateauroux.

Inzwischen führt der König seine französischen Heeresstreitkräfte in eine kriegerische Auseinandersetzung. Im Feld vergisst er seine neue Geliebte keineswegs. Im Gegenteil, seine Sehnsucht zu ihr wächst. Das beweisen die Briefe, die er ihr nach Versailles sendet. In einem jener letzten Briefe adressiert er: „An die Marquise de Pompadour". Eine Standeserhöhung, die nur der Monarch vornehmen darf. Verbunden mit dem Geschenk eines Schlosses und dessen Ländereien.

Die „Pompadour", wie sie bald allgemein genannt wird, weiß sich zu ihrer totalen Überraschung am Ziel ihrer standesgemäßen Wünsche; als Marquise gehört sie fortan dem französischen Adel an.

Doch jetzt kocht die Wut unter den Geburtsadligen der Versailler Hofgesellschaft erst recht gegen sie hoch. Gestern noch eine tief Bürgerliche, heute eine Marquise! Bald besteht kein Zweifel mehr: die Pompadour wird oder ist bereits die offizielle Mätressen-Nachfolgerin der Herzogin von Chateauroux! Aggressive Kreise des Hasses bilden sich inmitten der Höflinge, feindselige Rufmörder schließen sich zusammen, Schmähschriften gegen sie werden verfasst und ihr entgegengeschleudert.

Zunächst reagiert die immer hochelegant gekleidete Neue mit Gelassenheit. Doch auch sie sammelt jetzt um sich Personen, die unauffällig, aber effizient jenen Herabwürdigungskampagnen entgegenwirken. Sie weiß, dass sie jetzt möglichst verdeckt kämpfen muss, sich wehren muss gegen eine Gesellschaft, die auch untereinander sich in intriganten Auswüchsen mobilisiert hat. Als ihr niederträchtigster Feind erweist sich der Minister Graf Maurepas, der sie lächerlich macht, wenn sie die ihr anfangs ungewohnte Hofetikette auch nur geringfügig verletzt.

Doch letztendlich steht ihr der Monarch schützend bei. Vor den betroffen gaffenden Höflingen führt er am 14. September 1745 die Pompadour offiziell „bei Hofe" ein. Sie erscheint bald wie selbstverständlich bei bestimmten Audienzen Seiner Majestät, bei dessen Hofbanketten, an seiner Seite vor allem anlässlich jener Auftritte, wenn er sich in Paris „unter das Volk" mischt.

Ein Makel haftet der Pompadour freilich immer noch an: sie ist verheiratet. Mittelleute melden ihr die Zornesausbrüche ihres bürgerlichen Ehemannes Charles Guillaume Le Normant d'Etoiles, als er von dem gesellschaftlichen Aufstieg der ihm Angetrauten erfährt. Gleichwohl stimmt er dann doch der Ehescheidung am 16. Juni 1745 zu, als der König ihn gesellschaftlich dadurch erheblich fördert, dass er ihn als Generalspächter irgendwohin ins Umland versetzt.

Langsam verstummen die Lästerzungen inmitten der Hofgesellschaft. Für einige wenige Jahre dürfen sich der König und seine neue Mätresse ungetrübten Liebesglückes erfreuen. Den Lästerer Maurepas hatte der Monarch inzwischen in die Provinz verbannt. Die wohl am ungeniertesten gegen die Pompadour giftspritzende Madame de Lauragais, die sich vormals selbst Hoffnung auf eine Mätressenkarriere gemacht hatte, wird zum Schweigen gebracht. Auch bei den Pariser Bürgern singt man kaum noch das Pamphlet: „Die kleine Hure, die gefällt dem König, diesem Pantoffelhelden“. Unveränderte Feindschaft versprüht freilich immer noch der Herzog de Richelieu. Der hatte vor Jahren im Verbund mit der Königsmätresse Herzogin von Chateauroux die offizielle Politik wesentlich mitzubestimmen versucht. Und momentan macht die Pompadour, die auf der Versailler Hofbühne die Aufführung ihr genehmer Theaterstücke durchsetzen will, ihm als Intendanten der Hoffestlichkeiten immerfort einen Strich durch die Rechnung.

Um ihre inzwischen weitgehend stabilisierte Position zusätzlich abzusichern, sucht die Pompadour die mehr oder weniger einsame Königin auf. Der obliegen nach der Trennung von Ludwig XV. keinerlei nennenswerten Aufgaben mehr, ihr kommt eigentlich nur noch die eine Funktion zu: dass sie existiert, dass sie vorhanden ist. Der fast schon im Übermaß kirchentreuen und Frömmigkeitsübungen ergebenen Königin polnischer Herkunft spiegelt die Pompadour eigene Bigotterie vor. Das schafft eine gewisse Sympathiebasis, die für die Mätresse mit der Zeit günstigere Auswirkungen bei einem Teil der Hofgesellschaft zeitigt, der sich dem Sakralen noch irgendwie verbunden fühlt. Jedenfalls tut die Pompadour gut daran, wenn sie in bestimmten zeitlichen Abständen der isolierten Königin ihre Aufwartung macht; und die weiß inzwischen recht gut, dass die Position einer Zweitfrau/Mätresse des absolutistischen Königs inmitten der Versailler Hofgesellschaft fest verankert ist.

Ein Höfling bemerkt, die Pompadour sei „zum größten Bedauern der Damen am Hof ihres Ranges durchaus würdig; die sagen, sie benehme sich der Königin gegenüber formvollendet“. Und die lädt schließlich die neue Mätresse sogar ganz von sich aus zu ihren intimen Tafelrunden ein.

Ihre Kinder aus der königlichen Ehe allerdings begegnen der Pompadour mit eisiger Ablehnung. Der Dauphin/Kronprinz insbesondere, aber auch dessen Schwestern. Das manifestiert sich hin und wieder so störend, dass der Monarch selbst seine Nachkommen zusammenstauchen muss.

Am 22. Juli 1746 stirbt die Frau des Dauphins im Kindbett. Eine neue Dauphine/Kronprinzessin muss her. Die Familienmitglieder wollen eine Nachfolgerin polnischen Geblüts. Die Pompadour hingegen klemmt sich hinter den Armeeführer Moritz von Sachsen, einen natürlichen Sohn des sächsischen Kurfürsten Augusts des Starken, der ihr seine Ernennung zum Marschall mitverdankt, so engagiert, dass die erst fünfzehnjährige sächsische Prinzessin Maria Josepha in die engere Wahl mit einbezogen wird. Für sie entscheidet sich schließlich Ludwig XV. Sein Sohn, der Dauphin, muss sie nehmen.

Mit fast ungewöhnlicher Energie lenkt die Pompadour die Vorbereitungen für die nunmehr anstehenden Hochzeitsfeierlichkeiten. Der Braut eröffnet Graf Loß, der sächsische Gesandte in Frankreich, in einem vertraulichen Schreiben: „Madame de Pompadour spielt eine große Rolle. Die Freundschaft, die ihr der König angedeihen läßt, das Interesse, das sie für eine Heirat des Dauphins mit einer sächsischen Prinzessin bekundet hat, die Andeutungen, die sie dem König gegenüber hat fallen lassen, damit er eine Entscheidung treffe – all das wird die Gemahlin des Dauphins zu besonderer Aufmerksamkeit und freundlichem Verhalten verpflichten. Die Marquise hat einen hervorragenden Charakter; sie wird alles tun, um die Zuneigung der Gemahlin des Dauphins zu gewinnen."

Die inzwischen fest abgesicherte, nur noch von der königlichen Entscheidungsgewalt abhängige Mätressenposition lässt es – wie bereits angedeutet – den meisten Hofgesellschaftern angeraten erscheinen, mündliche und schriftliche Schmähungen gegen sie zu unterlassen. Spottgedichte gegen die ehedem Bürgerliche unterbleiben von daher fast ganz. Der gängige Vers von ehedem „Die kleine Hure, die gefällt dem König, diesem Pantoffelhelden" ist kaum noch zu hören. Die gegen sie gesponnenen feindseligen Netzwerke am Hof lösen sich wie von allein auf. Die Adligen geben es auf, abzuwarten, ob sich die Pompadour eine gesellschaftliche Blöße gibt.

Die hat inzwischen seitens des Zeremonienmeisters „Unterrichtsstunden in Hofetikette" erhalten. Bald wird sie dieselbe auch in ihren versteckten Nuancen beherrschen. Und sie baut jetzt um sich einen eigenen Kreis vertrauenswürdiger Helfer weiter aus, die unauffällig die Interessen der Pompadour bei anderen vertreten, vor allem bei einflussreichen Leuten, andererseits sich am Versailler Hof umhören, um gefährliche oder doch zumindest für ihre Herrin unangenehme Entwicklungen, Machenschaften, Bestrebungen rechtzeitig mitzubekommen. Besonders eng gestaltet sich ihr Verhältnis zu ihrer Kammerzofe, der verwitweten Nicole du Hausset, zu ihrem Vermögensverwalter Collin und zu ihrem Schutzbegleiter d'Hémin.

Entscheidend ist natürlich ihr ungetrübter, enger Liebesverbund mit Seiner Majestät. Nachts und auch tagsüber geht sie in seinen Gemächern ein und aus. Und wenn hohe Gäste zugegen sind, dann weiß sie, dass sie an der Türschwelle zum Kabinett Ludwigs XV. dreimal vor ihm einen Hofknicks vollführen muss. Gelegentlich fährt sie mit ihm in seiner Kutsche aus. Bei seinen offiziellen Tafelrunden ist sie selbstverständlich ebenfalls zugegen. Sie darf jetzt selbst zu jenen Soupers einladen. Darf Audienzen vorbereiten. Wird als sogenannte Mätresse „en titre" zur wichtigsten Kontaktperson zwischen dem Monarchen und den Hofgesellschaftern. Ihretwegen schiebt Ludwig eine Reise auf, nur um sie zu trösten, als ihre Mutter stirbt.

Nur Eines darf sie nicht: Verreisen ohne seine Erlaubnis. Und er legt Wert darauf, ihre Briefe zu lesen, bevor sie dieselben absendet. Ungeachtet der vielen ihr zwischenzeitlich zugefallenen Befugnisse weiß sie sehr wohl, dass sie niemals seine Verärgerung oder gar sein Misstrauen erregen darf.

III. Sieg der Pompadour über des Königs grimmigsten Feind: die Langeweile

Inzwischen hatte der sogenannte Österreichische Erbfolgekrieg (1742-1748) im Friedensschluss von Aachen sein Ende gefunden. Obwohl seinerzeit für König Ludwig XV. sein Chefminister Fleury die Pragmatische Sanktion garantiert hatte, die dem Hause Habsburg im Todesfall ohne männlichen Erben die Thronnachfolge auch einer Frau zugesteht, waren nach dem Überfall des Preußenkönigs Friedrichs II. auf Sachsen im Ersten Schlesischen Krieg seltsamerweise Frankreich und Preußen eher unfreiwillig Alliierte geworden, während England die neue österreichische Kaiserin Maria Theresia unterstützte. Offiziell bestand zwischen der Seemacht England und Frankreich kein Kriegszustand; auf den Meeren herrschte leidlicher Frieden. Doch in London befürchtete man immerfort, Frankreich wolle seine Kolonialbesitzungen in Nordamerika ausdehnen. Als daraufhin die Engländer unversehens französische Handelsschiffe stoppten und ausplünderten, erklärte Frankreich am 15. Juni 1744 den Briten den Krieg. Letztere, in den europäischen Kontinentalkrieg involviert - der englische König war simultan Kurfürst von Hannover -, demonstrierten zwar auf See und in Übersee ihre maritime Stärke, doch zu Lande zogen sie den Kürzeren. Frankreichs Marschall Moritz, jener natürliche Sohn Augusts des Starken, siegte am 11. Mai 1745 in der Schlacht von Fontenoy und eroberte mit seinen französischen Streitkräften im April 1748 Maastricht und anschließend die österreichischen Niederlande. Da jedoch die ständig seitens der englischen Flotte bedrohten französischen Atlantikhäfen immer nachdrücklicher friedliche Zustände forderten, einigten sich im erwähnten Frieden von Aachen die Hauptbeteiligten an jenem Österreichischen Erbfolgekrieg - England, Frankreich, Habsburg, Preußen - auf eine Art Status quo ante, gaben wechselseitig das Eroberte zurück (außer Schlesien), und so vermochte jeder der Beteiligten noch leidlich sein Gesicht zu wahren.

In seinem sich steigernden Hass gegen die Pompadour lanciert der Preußenkönig Friedrich II. eine zynische Vermutung in die hohen und höheren diplomatischen Kreise, die gerade den Aachener Friedensschluss vorbereiten wollen, wenn er sie wissen lässt: „Seit kurzem avancierte die Pompadour zur Mätresse des Königs. Sie fürchtete, bei Fortdauer des Krieges könne Ludwig XV. sich alljährlich an die Spitze seiner Truppen stellen. Zeiten der Abwesenheit sind jedoch gefährlich für Günstlinge und Mätressen. Die Pompadour erkannte, daß sie das Herz ihres Liebhabers nur zu fesseln vermochte, wenn sie jeden Vorwand zu einer Trennung beseitigte, daß Frieden geschlossen werden mußte. Daran arbeitete sie nun mit aller Macht."

Allerdings sahen die eroberungssüchtigen Engländer in der Aachener Friedensregelung wohl eher einen Interimszustand.

Jenes Jahr 1748 beendete gleichwohl auch die erste lange Phase in den intensiven Beziehungen zwischen dem französischen König Ludwig XV. und seiner Mätresse „en titre". Beide hatten miteinander drei glückliche, glückselige Jahre verlebt.

Doch jetzt türmt sich zwischen ihnen ein gefährliches intimes Problem auf. Sie fühlt sich körperlich überfordert. Möchte nur noch begrenzt seine Bettgenossin sein. Er hingegen, ohnehin ein unersättlicher Mann, wünscht noch mehr Betätigung in jenem Bereich.

Die Pompadour, inmitten jener verwirrenden Versailler Hofgesellschaft nicht nur als deren Teilhaberin, sondern auch rein als Frau gereift, entschließt sich, dem Geliebten andere Vergnügungsobjekte für seine nächtlichen Amüsements zuzuführen. Und deren gibt es genug, auch wenn nicht Jede an eine Mätressenkarriere im königlichen Bett glaubt. Selbst unter den Adelsdamen gibt es ihrer genug, die entsprechende Vermittlungsdienste der Pompadour in Anspruch nehmen. Die ihren früheren Groll gegen die ehedem bürgerlich Aufgestiegene jetzt unmerklich sogar in Dankbarkeitsbezeugungen überleiten.

Mädchen und Frauen aus dem bürgerlichen Stand warten in stattlicher Anzahl ebenfalls auf ihre Chance, intim zu Ludwig XV. zu gelangen. Auch schon Vierzehnjährige sind darunter. Aber wenn dann eine vom König Beglückte sich im geschwängerten Zustand wiederfindet?

Auch da hat die findige, hellsichtige Pompadour vorgesorgt. Sie lässt die Entbindungsstation außerhalb des Hofes von Versailles installieren. Sie veranlasst Ludwig XV., also den königlichen Erzeuger, der ohnehin über fast alle Geldströme in seinem Reich verfügt, jene ausrangierten Bettgenossinnen anständig zu honorieren. Und schon überhaupt dann, wenn sie in jene Entbindungsstation aufgenommen werden müssen. Eine aus dieser Auffangstelle sodann als uneheliche Mutter mit Neugeborenem Entlassene erweist sich keineswegs als chancenlos. Ihres fürstlichen Honorars wegen ist so mancher arme Teufel bereit, sie zu heiraten und das Kind mit zu übernehmen.

Bei alledem triumphiert die Grundtatsache, dass der Monarch und seine Mätresse sich inniger lieben als je zuvor. Sie können voneinander nicht lassen, selbst wenn sie das wollten. Während der zweiten langen Phase ihrer Beziehung (1748-1754) wissen sie unumstößlich, dass keiner ohne den anderen auch ohne Sex auf Dauer zu existieren vermag. Und diese Erkenntnis resultiert nicht nur aus der Erfahrung einer Gewöhnung aneinander.

An jedem Tag braucht Ludwig ihre heitere Zärtlichkeit, ihre aufrichtigen Tröstungen, das Gespräch mit ihr, das ihm seine Sorgen mindert, das ihn beruhigt. Die Pompadour vermag ihm lange zuzuhören; oft genug löst ihr Rat anfangs bedrängende Probleme.

Ungeachtet seiner den Ministern, Diplomaten und Militärs gewährten Audienzen leidet Ludwig unter sich häufenden Zeitstrecken der Langeweile. Und diese peinigt ihn am meisten. Doch vor allem da weiß ihn die Pompadour zu nehmen. Sie entwickelt sich zu einer Virtuosin, ihn zu zerstreuen. Ihr lebhafter Geist löst ihn aus kürzer oder länger lastenden Kümmernissen. Sie weckt sein Interesse für angenehmere Seiten des Daseins. Sie sorgt für Abwechslung, wenn er in trübsinnige Monotonie zu versinken droht.

Reizvolles liest sie ihm aus ihrem reichen Bücherbestand vor. Unverändert singt und spielt sie Cembalo vor ihm. Die bezaubernde Bandbreite ihrer angenehmen Umgangsformen verzaubert ihn wie schon zu Beginn ihres Sichkennenlernens. Durch sie findet er auch Zugang zu bedeutenden künstlerischen Leistungen seiner handwerkenden Zeitgenossen.

Beispielsweise weist die Pompadour ihren Geliebten darauf hin, dass das fast sensationell aufgekommene Porzellan nur vom sächsischen Meißen aus an die meisten europäischen Höfe geliefert wird. Warum besitzt sein Frankreich keine eigene Porzellanmanufaktur? Und so lässt sie eine französische Porzellanherstellungsstätte gründen, zunächst in Vincennes, die später nach Sèvres verlegt wird.

Aus seiner ihn gelegentlich immer noch überkommenden Langeweile reißt sie ihn jedoch vor allem mit ihrer Theaterkunst.

Die Streitigkeiten mit dem ihr unverändert feindselig gesonnenen Richelieu hatten sie vorübergehend müde gemacht. Doch jetzt, nach der Stabilisierung ihrer Machtstellung, gründet sie eine eigene Theatergesellschaft - schon um Ludwig noch zusätzlich zu zerstreuen. Sie, die oft genug die Vorstellungen in der Comédie-Francaise, in der Comédie-Italienne und in der königlichen Musikakademie besucht hatte, organisiert ab etwa 1748 eigene Aufführungen im „Theater der kleinen Kabinette", und diese sind von ganz beachtlichem Niveau. Die Rollen übernehmen auch Adlige und Hochadlige, die gar nicht wie ehedem daran denken, die vormals Bürgerliche aus dem Versailler Hofstaat zu eliminieren. Bereits zu den Vorstellungsproben wird der König eingeladen und amüsiert sich köstlich. Während der Abendaufführung sitzt er inmitten von wichtigen Standesvertretern, die sich zumeist seiner besonderen Gunst erfreuen. Schließlich lassen sich, wenn auch zögerlich, die Königin und die Prinzessinnen einladen. Die Königin taut völlig auf und spendet der Pompadour, die in jenen Gesellschaftskomödien zumeist auch selbst als Darstellerin auftritt, wohlwollenden Beifall. Ihrem Ludwig zuliebe stellt seine Mätresse schließlich auch ein Orchester aus Laien und Berufsmusikern zusammen, engagiert Sänger und aus den Kreisen der Hofgesellschaft Gesangsfreudige, die mit Operndarbietungen die erwartungsfrohe Gesellschaft überraschen. Wobei die Pompadour wohl gelegentlich auch selbst eine Gesangspartie übernimmt - und dabei in ihrem auf sie zugeschneiderten prächtigsten Kostüm auftritt. Ihre Theaterinszenierungen markieren am Hof gesellschaftliche Ereignisse. Hinsichtlich der jeweiligen Rollenverteilungen schließlich sind sie zugleich Indizien für den Höflingen gewährte oder auch verweigerte Gunstbeweise.

Andererseits bestürmt die Pompadour aber auch ihren hohen Liebhaber, zeitnotwendige Institutionen ins Leben zu rufen. Etwa die École Militaire; die dann in den Folgejahren eine deutliche Verbesserung des Ausbildungsstandes im jüngeren Offizierskorps bewirkt. Gemeinsam mit ihm stattet sie den Provinzen aus unterschiedlichsten Anlässen Besuche ab. Beispielsweise inspizieren sie im September 1749 in Le Havre die an sich imposante französische Flotte, die eine teilweise Modernisierung benötigt.

Nur einmal löst sie bei ihm eine echte Verstimmung aus: als sie am 25.11.1750 das von Vielen erwartete Feuerwerk kurzerhand abbestellt hatte.

Notgedrungen müssen sich beide in Versailles auch Trennungszeiten unterwerfen. In seiner Abwesenheit offenbart die Pompadour ihre wirkliche Machtstellung: de facto die eines über den Behördenspitzen dirigierenden Superministers.

Sie entscheidet darüber, ob Anfragen, Gesuche, Vorlagen aus den Ministerialverwaltungskörpern an den König weiterzuleiten sind. Mehr denn je wird sie zur Anlaufstelle für auswärtige Diplomaten. Sie spricht ein letztes Wort bei Beförderungen der ihr praktisch Nachgeordneten. Sie kann einem Ämterkauf stattgeben oder ihn verhindern. Und dass der König danach ihre Entscheidungen aufhebt oder umstößt, ereignet sich höchst selten.

Personellen Widerwärtigkeiten begegnet sie mit Gelassenheit Nicht mehr mit künstlich vorgespiegelter wie zu Karrierebeginn, sondern ganz natürlich, da sie sich machtvoller als ihre - meist heimlichen - Gegner weiß. Dazu verhilft ihr auch das Günstlingssystem, das sie sich während der letzten Jahre auf allen möglichen Ebenen aufgebaut hat. Und jene heimlichen Gegner merken das wohl; zumindest ahnen sie es. Viele Höflinge kriechen jetzt vor ihr, um ihr Gunstbezeugungen zu entlocken. Keinerlei Anlass besteht für sie mehr, vor der Versailler Hofgesellschaft zu zittern; eher verhält es sich jetzt umgekehrt.

In jenen Jahren bekennt der Herzog von Croy: „Die Marquise übte einen großen und noch zunehmenden Einfluß aus. Mit ihrem charmanten Aussehen und Charakter und mit ihrer stets liebenswürdigen Art tat sie ihr Bestes, um zu gefallen. Sie befaßte sich nicht nur mit den wichtigen Fragen, sondern kümmerte sich auch um die Einzelheiten."

Ein Höfling legt sich dennoch mit ihr an. Der Marquis von Argenson, königlicher Minister, will der Mätresse en titre einen besonderen Tort dadurch antun, dass er und seine Geliebte, die Madame d'Estrades, es mit Raffinesse unternehmen, die Nichte der d'Estrades, Charlotte-Rosalie de Choiseul-Romanet, in die Privatgemächer des Königs zu lancieren. Dort soll sie zwischen den Monarchen und seine Mätresse umsichtig, jedoch systematisch einen Keil treiben. An Letztere wird die Unternehmung verraten. Im Januar 1753 muss die junge Choiseul-Romanet, „gleich einer Hure, die ein schlechtes Benehmen und auf den König ein Auge habe", Versailles für immer verlassen. Ihr folgt die Tante Madame d'Estrades.

Doch Argenson gibt nicht auf. Er will notfalls mit Hilfe des Dauphins und der Prinzessinnen die Stellung der Pompadour erschüttern. Und er setzt Pamphlets und Gerüchte in Umlauf. Schließlich setzt er die wohlgestaltete Adelsdame Madame d'Esperbes als neue Mätressenkandidatin auf Ludwig XV. an. Über ihren privaten Spionageabwehrapparat erfährt die Pompadour davon. In zorniger Verzweiflung über eine solche Gemeinheit bricht sie in Schluchzen aus. Zufällig kommt der König hinzu; ihn rührt der derangierte Zustand seiner Lebenskameradin an.

Kurz danach erhält Argenson folgenden Geheimbrief des Monarchen: „Ihr Dienst ist mir nicht mehr notwendig. Ich befehle Ihnen, daß Sie mir Ihre Demission als Staatssekretär und all das einsenden, was die Beschäftigungen, die damit verbunden sind, angeht, und daß Sie sich auf Ihr Landgut Les Ormas zurückziehen.“ Ordnungskräfte würden dafür sorgen, dass er diesen Verbannungsort nicht mehr verlässt.

Die Intrigen Argensons, die schließlich zu seinem Sturz geführt haben, erscheinen umso unverständlicher, als er gleichsam als Augenzeuge selbst feststellen musste, Ludwig XV. habe „mehr denn je für seine Lieblingssultanin den Kopf verloren. Bei den letzten Balletten in Versailles hat sie so gut gesungen und gespielt, daß Seine Majestät ihr öffentlich Lob gespendet hat und, indem er sie vor aller Augen zärtlich streichelte, hat er ihr gesagt, sie sei die charmanteste Frau, die es je in Frankreich gegeben habe“.

Ein unglückliches Ende findet ihre verhältnismäßig frühe Bekanntschaft mit dem nachmals namhaftesten französischen Dichter des 18. Jahrhunderts, mit Voltaire. Der über die Pompadour, nachdem sie seinerzeit in Versailles eingetroffen war: „Sie war wohlerzogen, klug, liebenswürdig, voller Anmut und Talent, mit gesundem Menschenverstand und Herzenswärme ausgestattet. Ich kannte sie gut genug. Mir vertraute sie sogar ihre Liebe an; sie gestand mir, daß sie insgeheim immer schon vorausgeahnt habe, daß der König sie lieben werde, und daß sie eine stürmische Zuneigung zu ihm empfunden habe.“

Immer wieder sucht die Pompadour Kontakt zu Literaten und findet bei Ludwig volles Verständnis dafür, dass sie dieselben fördert. Auf ihre Empfehlung hin ernennt der König schließlich Voltaire zum Hofhistoriographen und Kammerjunker. In einem von dessen Bühnenstücken tritt die Pompadour auf: in der weiblichen Hauptrolle seiner Komödie „Der verlorene Sohn“. Leider verübelt es ihr Voltaire, dass sie auch seinen Dichterrivalen Crébillon fördert. Er verlässt daraufhin Frankreich und begibt sich an den preußischen Hof Friedrichs II. zu Sanssouci. Sie schätzt aber auch Rousseau. In dessen Bühnenstück „Der Dorfwahrsager“ tritt sie ebenfalls in einer schauspielerischen Rolle auf.

Als Dank dafür, dass seine Mätresse ihm jahrelang wichtige Regierungsfunktionen abgenommen und dadurch ihn erheblich entlastet hat, schenkt Ludwig XV. ihr in Abständen Schlösser und Landsitze. So bereits im Jahre 1746 das Schloss von Crécy, später Bellevue auf der Anhöhe von Meudon über der Seine, später La Celle, Evreux im Faubourg St. Honoré. Oft genug findet dann die Pompadour jene Schlösser im abgewohnten Zustand vor. Deshalb engagiert sie Innenarchitekten, die nach ihren Vorgaben die Säle, Galerien, Salons und Kabinette auf opulenten Hochglanz bringen müssen. Sie verpflichtet Facharbeiter, welche die Gemächer prunkvoll zu überholen haben: Schreiner, Maler, Stuckateure, Vergolder, Bildhauer. Oft genug sind Wandpartien mit Holztäfelungen zu versehen. Sie sucht kostbare Möbel und Stoffbezüge aus, stellt Bronzen auf, später Porzellane aus der von ihr initiierten Manufaktur Vincennes. Obendrein lässt sie die Schloßgärten meliorisieren, abgezirkelte Wege, Grotten, Quellfassungen oder gar Kaskaden anlegen. Unter ihrer Ägide entzücken immer mehr jene vielfachen Verschnörkelungen im sich verfeinernden Rokokostil. Und als wollte sie die Mätressentradition aus des Sonnenkönigs Zeiten noch besonders auffällig machen, richtet sie sich gelegentlich in den einstigen Gemächern der Montespan oder der Maintenon ein.

Ihr Ludwig kommt getreulich für alle Beschaffungs- und Unterhaltungskosten auf. Livres-Zahlungen an sie in fünfstelliger Höhe monatlich; erst viel später während des Siebenjährigen Krieges nur noch vierstellig. Im Jahre 1748 erhält die Pompadour eine Sonderzuwendung von 205.600 Livres. Der Monarch, ihr immerfort dankbar dafür, dass sie Zulauf und Zufuhr von jungen Weibern und

Mädchen organisiert, die wenigstens eine Nacht im Bett mit dem unverändert brünstigen Monarchen verbringen wollen, erhebt sie am 17. Oktober 1752 in den Rang einer Herzogin.

Seine „unentbehrliche Freundin" bleibt ihm mehr denn je die treue seelische Gefährtin, die Partnerin, auf die er sich auch in drohenden Gefährdungslagen absolut verlassen kann, die kluge, lebenserfahrene Beraterin im Dschungel der Versailler Hofgesellschaft. Bei der er sich immer geborgen weiß.

Obendrein sorgt sie sich jetzt auch noch um die Gesundheit der längst aufs Abstellgleis gefahrenen Königin. Die ernennt sie sogar zu ihrer Ehrendame; zumal sie jetzt Gewissheit hat, dass die Mätresse mit dem König körperlich nichts mehr verbindet. So weist sie auch die Einflüsterungen ihres Beichtvaters und der Jesuiten hinter ihm konstant zurück. Zumal neuerdings sogar der Papst in Rom die französische Mätresse en titre ins Visier genommen hat. Allerdings bedauert sie die Pompadour dafür, dass sie als offensichtliche Atheistin nach ihrem Tode kaum in den Himmel gelangen wird.

Die gesellschaftlich so hoch Emporgestiegene vergisst darüber keineswegs ihre familiär bürgerliche Herkunft. Ihren an sich bedeutungslosen Bruder Abel Poisson (1727-1781) fördert sie mittelbar, zeitweise auch mit königlicher Hilfe. Er erhält bessere Arbeitsstellen. Darf sich Monsieur de Vandières nennen. Wird auf einer Italienreise sogar vom Papst empfangen. Und steigt geadelt schließlich auf zum Marquis de Marigny. Im Jahre 1751 wird Abel zum „ordentlichen Generaldirektor für das Bauwesen, die Gärten und Manufakturen" ernannt. Seine Schwester vermittelt ihm die Eheschließung mit einer Dame hochadligen Geblüts. Doch die Ehe endet in einem miserablen Zerwürfnis.

Ohne es recht zu merken, hatten die Verpflichtungen und diversen Belastungen in ihrer kaum noch überschaubaren Fülle die Gesundheit der Pompadour gefährlich untergraben. Mehr und mehr sehnt sie sich nach Alleinsein, nach längerer Entspannung. Sie verzichtet auf ihre theatralischen Rollendarstellungen. Migräneanfälle suchen sie heim. Erkältungen bescheren ihr eine heimtückische Bronchitis. Sie beginnt, gelegentlich Blut zu spucken.

Und gleichwohl muss sie in der Öffentlichkeit in unerbittlicher Härte gegen sich selbst beherrscht und kaltblütig Ministern, Diplomaten, Bittstellern gegenübertreten, manchmal skeptisch oder ironisch, manchmal gnadenlos in letzter Selbstbeherrschung. Dem Geliebten gegenüber darf sie sich erst recht nicht gehen oder fallen lassen, denn sie muss ihn ja immerdar glaubwürdig zerstreuen. Die stets mondän Gutgekleidete, in fast schon extremer Eleganz die Blicke auf sich Ziehende darf keinerlei Schwäche oder Einbuße offenbaren. Nur ihrer Freundin, der Gräfin Lützelbourg, offenbart sich die gesundheitlich Angeschlagene: „Das Leben, das ich führe, ist schrecklich. Ich habe kaum eine Minute für mich. Beträchtliche und unerläßliche Pflichten: Königin, Dauphin, Dauphine, drei Töchter, zwei Dauphininnen! Urteilen Sie selbst, ob man dabei noch zu Atem kommt. Bedauern Sie mich und klagen Sie mich nicht an!"

Da erhält die Pompadour die niederschmetternde Nachricht. Ihre am 10. August 1744 geborene Tochter Alexandrine ist in dem Ursulinenstift - Mariahimmelfahrtskloster -, dem sie das Kind anvertraut hatte, gestorben. Hatte sie noch drei Jahre zuvor der Lützelbourg gestanden „Ich fühle nur zu gut, was für ein Unglück es ist, eine empfindsame Seele zu haben", so ist jetzt selbst diese Seele für immer dahingeschwunden. Hatte sie noch im Februar 1752 den Geliebten trösten müssen, als seine Tochter,

Prinzessin Henriette, starb, so vermag der sie jetzt im Gegenzug nicht zu trösten.

Die am 15. Juni 1754 verstorbene Alexandrine war noch nicht einmal zehn Jahre alt geworden. Damit war die zweite Phase ihrer Mätressenschaft für die Pompadour endgültig in unstillbarem Schmerz vorübergegangen.

IV. Engste Königsvertraute auch im Siebenjährigen Krieg

Der horrende Reichtum, den die Pompadour dank der Geschenkseligkeit des ihr verfallenen Königs während der letzten Jahre bei sich angehäuft hatte, blieb ihrer Umwelt keineswegs verborgen. Nicht bei der Versailler Hofgesellschaft, wohl aber unter dem Volk machen jetzt Schmäh- und Spottlieder in noch höherer Frequenz als früher ihre Runde. Das hört sich dann in deutscher Reimfassung so an:

> „Ja, wär sie unter allen Schönen
> Die Schönste, würde das versöhnen
> Wir stimmten unserm König zu,
> Wär seine Hure ein Bijou, jou, jou.
> Nun aber seht ihn so entzückt
> Für diese elend platte Fratze.
> Ei, das begreift ja keine Katze.
> Der König ist verrückt, rückt, rückt"

Noch herabwürdigender für die Pompadour ist ein anderer Spottvers.

> „Die kleine Hure, die gefällt
> Dem König, dem Pantoffelheld.
> Bei ihr ist feil die ganze Welt,
> Man kauft die Ehren dort für Geld.
> Man hat sie zum Idol erhoben.
> Den Höfling hört man eifrig loben.
> Er kriecht vor ihr, dem Hunde gleich;
> Und sie, sie macht sich reich, reich, reich"

Auf ihre geburtsmäßige Herkunft zielt dieser:

„Es ist ein kleines Bürgerweib,
Das macht sich Hurenzeitvertreib.
Sie bringt nun alles auf ihr Maß,
Macht aus dem Hof ein Hundeloch,
Der feine König trägt ihr Joch.
Sie hat die Glut in ihm entfacht.
Die Flammen wecken Spott und Spaß,
Und ganz Paris, das lacht, lacht, lacht".

Und schließlich das neiderregendste Couplet:

„Es machen sich die Großen klein.
Die Reichen wollen reicher sein.
Die Fische (= Poissons!) werden fett und fein,
Es herrscht der Taugenichts, nichts, nichts.
Verschleudert wird das ganze Geld,
Die Schlösser baut man für die Welt,
Indes der Staat noch mehr verfällt, fällt, fällt".

Die an sich nicht ungefährlichen Pariser Marktweiber - die späteren Vorgänge von 1789 beweisen es! - werden solche und ähnliche Pamphlets möglicherweise gesungen haben. Deren Autoren dürften jedoch eher unter den der Mätresse en titre unverändert feindselig gesonnenen Höflingen zu suchen sein, die solche aufreizenden Injurien unauffällig im Straßen- und Gassengewirr von Paris verteilt haben.

Gleichwohl: jene Schmähungen treffen kaum noch die wahre Sachlage. Nach dem sie ins seelische Zentrum treffenden Tod ihrer neunjährigen Tochter Alexandrine ist in der Pompadour jedwede Erotik total ausgelöscht. Für jene Veränderung hat der König Verständnis. Er tröstet sie, so gut er kann. Vermag sich gleichwohl nicht von ihr zu trennen. Mehr denn je bleibt sie seine unersetzliche partnerschaftliche Ratgeberin bei allen auftauchenden wesentlichen Problematiken und Sachzwängen. Ungeachtet ihrer eigenen seelischen Verschattung bewahrt sie ihn unverändert vor peinigender Monotonie im Tagesablauf. Sie, selbst zutiefst getroffen, vermag ihn nach wie vor von einer einigermaßen sinnvollen Lebensgestaltungsmöglichkeit zu überzeugen. Und seinen Mangel an Selbstwertgefühl auszugleichen.

Einmal allerdings wird sie ihrer neuen Lebensgestaltungsdevise untreu. Zwar erträgt sie die Liebschaften des sexprotzigen Königs. Die entsprechenden Weiber werden ihm jetzt laufend zugeführt, von Kammerdienern und Kammerzofen, von männlichen wie von weiblichen Höflingen. Unter den neuen Bettgenossinnen Seiner Majestät sind die junge, von dem Marquis von Coislin geschiedene Marie-Anne de Mailly, die geschwängerten Mademoiselles de Romans und Tiecelin. Schließlich die zwanzigjährige, aus bürgerlichen Verhältnissen stammende Anne Coupier aus Grenoble, die ihren von Ludwig gezeugten Sohn Louis-Aimé am 13.01.1762 zur Welt bringt, ihn taufen lässt und Ludwig dazu bewegen kann, die Taufurkunde zu signieren. Steigt damit die Coupier etwa zur Mätresse en titre auf? Doch die qualvoll entstandene Situation ebnet sich wieder ein. Der König versichert seine Pompadour ihres konkurrenzlosen Status einer „unentbehrlichen Freundin". Nach so vielen gemeinsamen Jahren weiß er unverrückbar, was er an ihr besitzt: eine Lebensgefährtin ohne Trauschein, auf die er sich in jeder Situation - und das erst recht im öffentlichen Leben - absolut verlassen kann.

Einen solchen unerschütterlichen Halt besaß der König wie bereits angedeutet schon einmal - in der Person seiner Erziehers und Lehrers, des André Hercule de Fleury (1653-1743). Seit 1715 in solcher Funktion, steigt er 1726 zum Leitenden Minister auf und bestimmt fast bis zu seinem Tod Frankreichs Politik. Er saniert den partiell maroden Staatshaushalt, fördert effektiv die Wirtschaft des Landes und strebt mit großer Vorsicht einen Modus Vivendi sowohl mit England als auch mit Österreich an. Seit dem Jahre 1726 ziert diesen exquisiten Staatsmann die Kardinalswürde.

Und man geht nicht fehl in der Erkenntnis, dass die Pompadour inzwischen Fleurys einzigartige Vertrauensposition bei Ludwig XV. voll eingenommen hat.

Ihre vormals faszinierende Schönheit ist verblichen. Ihre verführerischen jugendlichen Reize sind dahin. Doch inzwischen ist die Mätresse aufgestiegen zur faktischen Regierungschefin des achtunggebietenden Staates Frankreich.

Von überquellendem Ehrgeiz angetrieben versenkt sie sich in den immerfort problematischen Finanzsektor. Aber auch in die auswärtige Politik. Versucht sogar, Leitlinien in der militärischen Führung durchzusetzen, hier allerdings mit bestenfalls wechselndem Erfolg. Da fehlen ihr dann doch Klarsicht, Sachkenntnis und Erfahrung eines mit der jeweiligen Materie vertrauten Staatsmanns.

Oft jedoch entscheidet sie über Stellenbesetzungen, über Beförderungen, über den Zugang zu Schlüsselpositionen. Nach und nach zieht sie sich eine Verwaltungsgarde heran, die ihr treue Unterstützung und Rückendeckung bietet. Vor allem natürlich im Blick auf die Versailler Hofgesellschaft. Die nun nicht mehr geschlossen gegen die ehedem Bürgerliche agitiert, sondern sich gleichsam ihr gegenüber gespalten hat: in Pro und Kontra. Auf Männer wie Minister Saint Severin, den Herzog de Belle-Isle, den Marquis de Puiseux oder auf den Kardinal Tencin kann sie sich fest verlassen.

Immer mehr tritt ihr bisheriges Engagement für Malerei und Musik, für Skulpturelles und Innenarchitektur, für kostbar künstlerische Ausgestaltung der Räume in ihren Schlössern und Landsitzen in den Hintergrund. Das die Staatsführungskunst Betreffende hat sie gepackt; der in ihr erwachte Ehrgeiz treibt sie an, auf das politische Geschehen im europäischen Bereich einzuwirken, gegebenenfalls bedeutende Veränderungen herbeizuführen, für etwas Denkmalähnliches nach ihrem Tode vorzusorgen.

Längst hat auch die Königin begriffen, dass zwischen dem ihr formal Angetrauten und der Mätresse en titre alles Erotische längst Vergangenheit ist. Dem geheimen Wunsch Ludwigs entsprechend ernennt sie am 08.02.1756 die Pompadour zu ihrer Palastdame. Für eine Frau bedeutete das inmitten der Hofgesellschaft den höchsterreichbaren offiziellen Rang.

Sie darf nun auch Gäste der Königin empfangen, darf gemeinsam mit ihr das Souper einnehmen, darf sie zum Messegottesdienst begleiten. Gleichwohl wird die Königin den Verdacht nicht los, dass das demütige Getue ihrer neuen „Palastdame“ nur geheuchelt ist. Sie unterzieht sich Bußhandlungen, nimmt an Fastenübungen teil und lässt sich schließlich sogar die priesterliche Absolution erteilen. Ein demutsvolles Reueschreiben lässt sie sogar dem Papst übermitteln.

Klugerweise hält sich die Pompadour nach Möglichkeit aus den fundamentalen Zwistigkeiten heraus, die jahrzehntelang im französischen Volk und folglich auch inmitten der Versailler Hofgesellschaft ausgetragen werden. Zwischen den sogenannten „Jansenisten“ und deren „konservativen“ Gegnern.

Etwa ein Jahrhundert zuvor hatte der niederländische Theologe Cornelius Jansen (1581-1638), Professor an der Universität Löwen, seit 1636 Bischof von Ypern, seine theologische Studie „Augustinus" verfasst, die posthum im Jahre 1640 Streitigkeiten über die christliche Gnadenlehre auslöste. Fünf Sätze aus derselben beanstandeten die Jesuiten als häretisch, und der Papst in Rom gab ihnen darin recht. Als nun auch noch der Sonnenkönig Ludwig XIV. die Jesuiten unterstützte, wurde es für die Anhänger jener Jansen-Studie, für die sogenannten Jansenisten, eng. Sie waren zwar keine Protestanten wie im Deutschen Reich nebenan, welche Kaiser, Papst und alles Römische radikal bekämpften. In Frankreich brach vielmehr ein innerkatholischer Streit zwischen - vor allem - Jesuiten und Jansenisten aus. Die konservativ Ausgerichteten, angeführt von den Jesuiten, setzten 1713 die Verdammungsbulle „Unigenitus" vom 8. September gleichen Jahres durch und exkommunizierten daraufhin ihre Widersacher, die sogenannten „Appellanten-Jansenisten", von denen viele ins europäische Ausland flohen.

Langsam erstarkten die Jansenisten wieder, aber richteten ihre Widerstandsenergien weniger gegen das Theologische, als vielmehr gegen das Politische - soweit das in ihr aktuelles Konzept passte. Deshalb entwickelte es sich nicht von ungefähr, dass sie immer mehr Sitze im Parlament einnahmen, dem einzigen politischen Organ, dem noch ein begrenztes Bestätigungsrecht bei politischen Entscheidungen zustand, das sie dem - an sich - absolutistisch regierenden Monarchen entgegenhielten.

Mit Sorge verfolgt die Pompadour jene sich radikalisierende Frontalstellung zwischen Jansenisten im Pariser Parlament und Jesuiten beziehungsweise jesuitisch geprägten Priestern im klerikalen Verbund.

Schon zu Beginn seiner Regentschaft, als er darin wirkungsvoll von seinem Erzieher Fleury betreut wird, drängt Ludwig XV. das jesuitisch beeinflusste Hofadelslager zurück, als es nach den wichtigsten Ministerposten langt. Denn er will wie sein Thronvorgänger, der Sonnenkönig, allein und souverän regieren. Das setzt nun freilich auch voraus, dass er auf der Gegenseite die aggressiven Energien der bürgerlichen Räte in ihren Parlamenten stutzt. Doch fast gleichzeitig schwellen die Wogen der jesuitischen Empörung wieder an, als Machault, der Generalbevollmächtigte für die Finanzen, die Steuer des Zwanzigsten auf geistliche Güter erhebt, um die kriegsbedingt leere Staatskasse wieder aufzufüllen. Das konnte dem jansenistischen Lager an sich recht sein. Besonders das Parlament von Paris will jene Schwächung der Gegenseite ausnutzen und überzieht deshalb mehrfach sein Remonstrationsrecht. Das nun will der Monarch einschränken und verletzt dadurch das Rechtsgefühl eines großen Teils der Bevölkerung, das sich durch jene gebeutelten Parlamente vertreten glaubt.

Das Volk, in dem noch ein Rest von Ehrfurcht vor dem Amt des königlichen Monarchen schlummert, richtet jetzt seine lautstarken Antipathien gegen dessen Mätressenwesen, dem sie die Hauptschuld an der für seine Belange widerwärtigen Entwicklung geben.

So gerät die Pompadour allmählich in die Schusslinien beider Seiten: den Einen gilt sie als „Königsdirne", als eine sich dauernd bereichernde Repräsentantin der Versailler Hofgesellschaft. Den Anderen - was schon fast vergessen - als ehedem Bürgerliche, der man wohl doch nicht in jeder Hinsicht trauen kann.

Als die Pompadour einmal den Jansenisten in einer höchst nebensächlichen Angelegenheit entgegenkommt, versprüht der Erzbischof von Paris, Christophe de Beaumont, seine Hasstiraden gegen sie. Die Jansenisten, ihr ohnehin nicht gewogen, werten das jedoch als eine Attacke auf sich selbst. Sie schlagen zurück. Nun glaubt der Papst in Rom, seinem Pariser Erzbischof mit einer besonderen Enzyklika beispringen zu müssen. So gerät auch Benedikt XIV. in die Schusslinie der Parlamente. Mitunter gleicht deren Angriffslust fast der des Pariser Parlamentes seinerzeit, als der König demselben in seiner Deklaration vom 15.08.1732 auferlegte, jedes während einer Sitzung mit ihm registrierte Gesetz innerhalb desselben Tages zu bestätigen. Und als das Parlament in seiner trotzigen Reaktion den Deklarationstext für nichtig erklärte, ließ der Monarch daraufhin 139 Parlamentsräte verhaften.

Jetzt befindet sich die Pompadour ihrerseits in einer solchen, besonders kritischen Phase, als sie zwischen ihrem Ludwig und Parlamentsvertretern vermitteln will. Doch auch ihren Vermittlungsdiensten, ihren Versöhnungsbestrebungen droht das Debakel, als neues Geld aufgetrieben werden muss, als neue Steuererhebungsverordnungen beschlossen und in Kraft gesetzt werden sollen. Und das unter ihrem engsten Partner, einem streckenweise wankelmütigen König, der das Pariser Parlament heute verbannt, um es morgen zurückzurufen. Fragen muss sich die Pompadour, wie die jansenistischen Parlamentsräte reagieren werden, wenn etwa ein euroglobaler Krieg den Einsatz unvergleichlich größerer finanzieller Mittel erfordert, wenn das Steuersystem geradezu beängstigende Belastungen schultern muss?

Am 5. Januar 1757 will Ludwig XV. in seine Karosse steigen. Ein Mann springt herzu und stößt ihm einen Dolch in den Rücken. Der Attentäter, der Hausdiener Robert Francois Damiens, wird gegriffen.

Heftig blutend fällt der König in Ohnmacht. Er muss zur Ader gelassen werden. Ein Priester wird eilends gerufen: Beichte und Absolution.

Doch Ludwig übersteht die nächste Nacht. In seinem immer noch beängstigenden Schwächezustand lässt er den Dauphin zu sich rufen und befiehlt ihm, in der nächsten Staatsratssitzung den Vorsitz zu übernehmen. Dessen Familie legt der Pompadour sogleich dringend nahe, Versailler Hof und Hofgesellschaft für immer zu verlassen.

Auf die Meldung von dem Attentat hin wird die Mätresse en titre von schluchzenden Weinanfällen heimgesucht und fällt darüber ebenfalls in Ohnmacht. Sie muss gleichfalls zur Ader gelassen werden

Bald danach lässt sie sich in Haus und Zimmer Ludwigs bringen. Dort eine tränenreiche Umarmung. Doch er befindet sich glücklicherweise auf dem Wege zur Genesung.

Der Prozess gegen den Attentäter rollt an. Der gegen ihn verhandelnde Strafgerichtshof verurteilt ihn am 26.03.1757 zum Tode. Nachdem Damiens zu Protokoll gegeben hat, den Dolch habe er gezückt, „weil Seine Majestät nicht auf die Einsprüche des Parlamentes haben hören wollen“. Er wird gevierteilt; seine Leiche auf dem Scheiterhaufen eingeäschert, die Asche in alle Winde verstreut.

Doch jetzt beginnt das große Rätselraten. Besaß der Attentäter helfende Komplizen? Hatten ihn zum Attentat Parlamentsjansenisten angestiftet? Oder von der anderen Seite her jesuitisch beeinflusste Höflinge? Oder gar Personen der eigenen Familie um den Dauphin? Wer hätte am meisten vom Tode des Monarchen profitiert?

Inzwischen fast wieder voll genesen, wird Ludwig vom Entsetzen gepackt, als er anlässlich eines wiederaufgenommenen Besuchs bei seiner Pompadour erfahren muss, dass die eigene Familie um den Dauphin der Geliebten unter Begleitdrohungen kundgetan habe, sie solle für immer aus Versailles verschwinden.

Die zweite Hälfte des 18. Jahrhunderts steht in Europa zunächst im dunklen Schatten des Siebenjährigen Krieges. In Wirklichkeit zweier zeitgleich (1756-1763) geführten Siebenjährigen Kriege. Von denen freilich der auf europäischem Kontinentalboden geführte die Regierungskanzleien, aber auch die Menschen in Dorf und Stadt weit mehr tangiert als der andere, auf See und in Übersee geführte.

Während in den vorangegangenen Schlesischen Kriegen Frankreich eher zu Preußen hielt, während England die Habsburger - kurz Österreich genannt - vor allem finanziell unterstützte, findet jetzt die sogenannte „Umkehrung der Allianzen" statt. England - sein König ist simultan Kurfürst von Hannover - wechselt als Bundesgenosse zu Preußen über. Das ein viel schlagkräftigeres Heer auf den Schlachtfeldern vorführte als das saumselige, militärisch verbummelte Österreich. Dieses wiederum, plötzlich in die Isolation geraten, sucht nach einem erfolgversprechenden Waffengefährten und fasst deshalb das immer noch imposante Frankreich ins Visier.

Es passt in solche Konstellation, dass Kaunitz, der österreichische Gesandte in Paris, später Außenminister seines Landes wird, während de Bernis, französischer Gesandter in Wien, alsbald zum Außenminister Ludwigs XV. avanciert.

Mehr als nur verstimmt, geradezu entsetzt über die Bündniskonvention vom 16.01.1756 in Westminster zwischen dem englischen König und dem preußischen König

Friedrich II. lässt jetzt Kaiserin Maria Theresia in Wien noch intensiver am französischen Hof vorfühlen. Und inzwischen weiß sie, welche bündnisgeneigte Person in Versailles ihr am wirksamsten zuarbeiten kann. Das ist deshalb momentan umso wichtiger, als die oft launenhafte wetterwendische Einstellung Ludwigs XV. zu problematischer Politik allgemein bekannt ist. Wird der sich zu einem Pakt Frankreich-Österreich bereit finden?

Staatskanzler Kaunitz in Wien lässt über den neuen österreichischen Gesandten in Paris, den Grafen Starhemberg, der Pompadour einen Brief zuleiten: „Sie werden, Madame, die Mühe gewiß nicht bereuen, die Sie sich damit geben, daß Sie den König bitten, Jemanden zu benennen, der über unsere Vorschläge mit uns verhandeln soll."

Starhemberg bezweifelt die Kompetenz der Adressatin und teilt dies vorsorglich auch seiner Kaiserin mit. Doch die antwortet ihm, zutreffend die Situation am Versailler Hof einschätzend: „Sie genießt das größte Vertrauen des Königs. Es hätte uns sehr zum Nachteil gereichen können, wenn wir sie übergangen hätten."

Wenn auch über die unumgänglichen Mittelsmänner, so gehen jetzt Maria Theresia und die Pompadour direkt aufeinander zu. Von Frau zu Frau. Und Ludwig XV. schließt sich den Vorschlägen Letzterer endlich an, als er von der englisch-preußischen Bündniskonvention in Westminster erfährt.

Am 1. Mai 1756 wird der Bündnisvertrag zwischen Frankreich und Österreich unterzeichnet. Er verpflichtet beide Staaten zur gemeinsamen militärstreitkräftemäßigen Abwehr, wenn einer von ihnen seitens eines feindlichen Dritten angegriffen wird.

Sehr wohl begreift die Pompadour, dass in Erinnerung an frühere Zeiten nicht wenige Höflinge und ein Teil der Staatsratsmitglieder von ihrer Aversion gegen die Habsburger nicht zu kurieren sind - im Gedenken an die teilweise höllischen Kriege zwischen Kaiser Karl V. und König Franz I. vor zwei Jahrhunderten. Doch die Versailler Hofgesellschaft scheint in ihrer Mehrheit das neue Vertragswerk gleichwohl zu billigen.

Danach informiert der Gesandte Graf Starhemberg den Wiener Staatskanzler Kaunitz: „Madame de Pompadour ist hochbefriedigt über den Abschluß des Vertrages. Denn sie erachtet dieses Ereignis als ihr persönliches Werk. Und sie hat mir versichert, auch in Zukunft ihr Bestes zu tun, damit die beiden Mächte auf dem eingeschlagenen Wege weitergehen. - Es steht fest, daß sie es ist, von der wir in Zukunft alles erwarten können. Sie will geachtet werden, und sie verdient es tatsächlich."

Daraufhin schreibt Kaunitz an die Pompadour: „Man schuldet durchaus Ihrem Eifer und Ihrer Weisheit, Madame, alles, was bisher hier zwischen den beiden Höfen abgeschlossen worden ist. Ich kann mir die Befriedigung nicht versagen, es Ihnen zu gestehen und Ihnen dafür zu danken, daß Sie so gut waren, mein Führer bis zu dieser Stunde sein zu wollen. Ich darf Sie sogar nicht in Unkenntnis lassen, daß Ihre Kaiserliche Majestät Ihnen all die Gerechtigkeit hat widerfahren lassen, die Ihnen zukommt, und für Sie alle Gefühle hegt, die Sie sich wünschen können."

Es wäre wohl als Protokollwidrigkeit aufgefasst worden, wenn nun Maria Theresia ein eigenes Schreiben an die Pompadour abgesandt hätte. Doch sie lässt ihr zugehen ihr mit kostbaren Brillanten gerahmtes Porträt.

Später wird es für die Pompadour kritisch, als sich die Kriegshandlungen ausweiten, als Österreich das Defensivbündnis in ein Offensivbündnis umwandeln möchte, um Friedrichs II. Militärmacht besser packen zu können, als die französischen Militärstreitkräfte im Kampfbereich von 24.000 Mann zu einer Größenordnung von drei Armeen aufgestockt werden müssen. Jansenistische Parlamentsräte protestieren auch hier mit zunehmender Lautstärke, als sich dadurch die französische Finanzlage bedrohlich einengt. Die lehnen auch das Angebot Maria Theresias ab, für den Hilfsgelderzufluss mehrere ihrer Städte in Flandern an Frankreich abzutreten.

Und der gegnerische Preußenkönig Friedrich II. verhöhnt auch noch Ludwig XV.: „Euer schwacher Monarch, Spielzeug der Pompadour, durch mehr als einen Schandfleck der Liebe gebrandmarkt."

Der Pompadour ministerielles und bis zu einem gewissen Grad auch diplomatisches Ausführungsorgan wird der dem alten Adelsgeschlecht der Grafen Brioude entstammende Abbé Bernis (1715-1794), der nie ein Priesteramt antritt, stattdessen sich als Galan der Madame Couvcillon, der Witwe des Prinzen Rohan, bewährt. Die macht ihn mit der Pompadour, mit der sie befreundet ist, bekannt. Bernis, von 1731 bis 1755 französischer Gesandter in Venedig, wird der Mätresse wichtigster Helfer in der Anbahnung eines Bündniskontaktes zur Kaiserin Maria Theresia in Wien. Bald verhandelt er permanent mit Graf Starhemberg und dessen Vorgesetztem, dem Staatskanzler Kaunitz. Bei Ludwig XV. setzt die Pompadour die Ernennung Bernis' zum Staatsminister durch. Seit Februar 1757 betreut er Frankreichs Auswärtiges Amt. Er, bisher mit Vorbehalten gegenüber einem Bündnis mit Österreich, ist nun wesentlich mitbeteiligt an einer angeblich unüberwindlichen „katholischen" Allianz gegen den „häretischen" Preußenkönig Friedrich II. Jener Allianzvertrag wird im Mai 1756 besiegelt.

Doch bald überkommen Bernis, bisher der Pompadour Sprachrohr im französischen Ministergremium, Bedenken wegen der rapid steigenden Kosten einer intensiveren Kriegsführung gegen Potsdam und Hannover. Für deren Entschärfung plädiert er vor allem nach den Niederlagen gegen die Preußen 1757 bei Roßbach und gegen die Engländer bei Krefeld im Juni 1758. Und auch angesichts der Rückschläge im Seekrieg gegen London. So teilt er denn dem österreichischen Botschafter in Frankreich brieflich mit: „Der König wird alles tun, was in seiner Macht steht, um die Verbündeten zu unterstützen. Doch ich werde ihm nie raten, seine Krone aufs Spiel zu setzen."

Tiefgreifende Enttäuschung erfasst seine Protektorin. Davon erfährt auch Ludwig XV. Der bittet den Papst, Abbé Bernis die Kardinalswürde zu verleihen. Danach entlässt er ihn aus dem Staatsdienst. Die Pompadour schickt ihn in eine Scheinverbannung, in seine Abtei St. Medardus zu Soissons. Doch der Verbannte darf später nach Versailles zurückkehren; und Ludwig XV. setzt ihn als französischen Gesandten in Rom ein.

Bernis' Nachfolger wird Etienne Francois Choiseul (1719-1785), der später sogar zum Herzog von Choiseul-Amboise erhoben wird. Zunächst hat ihn die Pompadour auf den derzeit wichtigsten Diplomatenposten, als französischen Gesandten, nach Wien geschickt. Danach betraut sie ihn mit dem Außenministerium, im Jahre 1761 mit dem Kriegsministerium. Schließlich steigt Choiseul als ihr Vollzugsorgan zum De-facto-Premierminister auf.

Doch zwischen beiden werden, so nachhaltig auch Choiseul die pro-österreichische Politik seiner Gönnerin vertritt, alsbald Unterschiede in der Wertung einzelner Kriegspotentiale erkennbar.

Zudem ausgestattet mit Scharfsinn, promptem, zutreffendem Erkennen der sich jeweils darbietenden Sachlage und obendrein ausgestattet mit einer unbeugsamen Willenskraft begünstigt er latent die Parlamentsjansenisten gegen den Teil der seitens der Jesuiten gesteuerten Hofgesellschaft, bringt dadurch mittelbar den Staatshaushalt, aus dem übermäßige Mittel an Maria Theresia fließen sollen, wieder in eine einigermaßen solide Fasson und schließt danach einen finanziell gerade noch vertretbaren dritten Beistandspakt mit Österreich am 30.12.1758. Vor allem erfasst Choiseul, der bald auch zum Herzog erhoben wird, präziser als andere Leute vom Fach die gleichzeitigen, von England ausgehenden maritimen Gefahren; Notwendigkeiten, welche die Pompadour bisher nie so recht begriffen hat: Choiseul lässt in offensiver Hinsicht eine Reihe von Seefregatten bauen und für die Defensive die wichtigsten französischen Häfen mit Befestigungsanlagen ausstatten.

Immer mehr erkennt er, wie die Mätresse en titre ungeachtet ihrer vielgestaltigen Aktivitäten unter dem Ableben ihrer Tochter Alexandrine leidet.

Doch sie will ihn auch da beruhigen: „Befürchten Sie nicht, daß die Ereignisse meinen Mut schwächen könnten. Nur der Verlust des Königs könnte das. Er lebt, alles andere ist mir gleichgültig. Kabale, Intrigen, Schamlosigkeiten, Geschmiere etc., nichts wird mich schrecken, und ich werde ihm dienen, solange es mir meine Lage gestattet." Ihrer Kammerfrau gegenüber äußert Couiseul einmal gleichwohl besorgt: „Ich fürchte, daß sie sich von der Melancholie übermannen lassen und vor Kummer sterben wird."

Und Choiseul wird seine Protektorin überleben.

Mit seiner Hilfe hat die Pompadour wenigstens den einen Triumph genießen dürfen: den Zusammenbruch der antiösterreichischen/propreußischen „Fraktion" innerhalb des Versailler Hofstaates. Andererseits muss sie von Graf

Clermont, den auf ihre ausdrückliche Bitte hin Ludwig XV. zum neuen Oberbefehlshaber der französischen Streitkräfte auf deutschem Boden bestimmt hatte, geradezu einen Rüffel einstecken: „Sie müssen mich gewähren lassen, Madame, und nicht aus zu großer Entfernung Warnungen aussprechen. Oder mich wenigstens davon unterrichten, bevor Sie Befehle erteilen; sonst wird keine gute Arbeit geleistet werden. Es ist eine alte, aber schlechte Angewohnheit des Hofes, militärische Manöver zu lenken. Das bringt einen Marschall, der vor Ort ist, sein Handwerk beherrscht und sich in der Politik auskennt, in Verlegenheit - Truppen führt man nicht so, wie man mit dem Finger auf einer Karte herumfährt."

Der Siebenjährige Krieg in der Mitte Europas beginnt im Jahre 1756 wieder einmal mit einem unprovozierten Überfall des Preußenkönigs Friedrichs II. mit seinen Truppen auf das friedliebende Sachsen. Dessen Kurfürst Friedrich August II. muss nach Polen fliehen, wo er zunächst als König August III. weiterregieren kann. Doch seine Tochter, die Dauphine, verzehrt sich in Sorge und Schmerz um ihre sächsische Heimat.

Am 19.06.1757 siegen die Österreicher bei Kolin über die Preußen. Dieser Triumph wird auch in Frankreich groß gefeiert. Am 26.07.1757 besiegen die Franzosen bei Hastenbeck englisch-hannoversche Truppenverbände. In Versailles wird deshalb König Ludwig XV. zunächst üppig mit Beifall überschüttet. Doch schon am 05.11.1757 schlagen etwa 20.000 Preußen die aus Franzosen und deutschen Reichstruppen bestehende dreifache Übermacht am 05.11.1757 bei Roßbach dank des von General Seydlitz bravourös dirigierten preußischen Kavallerieeinsatzes. Fanatische Gegner der Pompadour machen in Paris und anderswo diese Frau für die Roßbacher Niederlage persönlich verantwortlich. Darüber bricht sie verzweifelt zusammen. Kurz danach überwindet Friedrich II. das Österreicherheer am 05.12.1757 bei Leuthen.

Seine Siege hat er den offensichtlich unfähigen Armeeführern der jeweiligen Gegenseite zu verdanken: bei Roßbach dem Prinzen von Soubise, bei Leuthen dem Herzog Karl von Lothringen. Während der Folgejahre triumphiert Friedrich II. in den Schlachten von Zorndorf und Torgau (1760), muss jedoch eine verheerende Niederlage bei Kunersdorf in Odernähe (1759) einstecken. Da hat auch schon die russische Zarin Katharina in die zentraleuropäische Auseinandersetzung eingegriffen - sodass der Preußenkönig angesichts seiner miteinander verbündeten Gegnerinnen Pompadour, Maria Theresia und der Zarin ausruft, er kämpfe jetzt gegen „die drei erlauchten Dirnen“ beziehungsweise gegen „drei Weiberdessous“.

Bei Kriegsende - Friedensschluss in Hubertusburg 1763 - darf der Preuße zwar dank England das eroberte Schlesien behalten, doch gleicht das Resultat eher einem Remis. Friedrich II. hat in diesem Krieg etwa 100.000 Soldaten verloren und kehrt in ein wirtschaftlich ausgeblutetes Land zurück.

Allerdings: Auch die Pompadour kann mit dem Kriegsende nicht zufrieden sein. Wird von der kämpferischen Front her in Versailles ein französischer Sieg gemeldet, wird König Ludwig XV. auch vom Volk mit Gratulationsgeschrei überschüttet. Bei der Nachricht von einer französischen Niederlage hingegen richtet sich der Zorn namentlich der Pariser Bevölkerung gegen seine Mätresse. Der Pompadour wird dann das militärische Desaster in die Schuhe geschoben.

Wenn auch dadurch und infolge der sonstigen Kriegsentwicklung mehr und mehr angeschlagen, was sie nach außen hin unter keinen Umständen kundtun will und wird, ringt sie sich immerfort zu einer innerlich heroischen Haltung durch. Das beweisen auch Stellen in ihren Briefen jener Kriegszeit, die zufällig nicht verloren gegangen sind.

So erklärt sie im Laufe des 15. April 1758 einem wichtigen Ministerialen unter anderem: „Wenn wir nicht Kaiserin Maria Theresia die versprochene Hilfe senden, schwebt sie in sehr großer Gefahr, entthront zu erden. Dann werden wir allein bleiben, nachdem wir unsere Freunde preisgaben und sie dem Tod überließen, entehrt in ganz Europa. Während der König von Preußen und England auf unsere Zerstörung warten."

Dem unglücklich operierenden Grafen de Clermont ruft sie in ihrem Schreiben vom 23.03.1758 zu: „Entmutigen Sie sich nicht durch die Querschläge aller Art, die Sie erleiden. Sie werden der Reorganisator des Heeres sein, mit dem Sie Taten vollbringen werden, die der Erhebung Ihrer Seele wert sind. Und die Sie für die Mühen entschädigen werden, denen Sie sich hingegeben haben. Das ist der Gegenstand meiner brennendsten Wünsche."

Und der Gouverneur der Bretagne, der Herzog d'Aiguillon, erfährt von ihr unter dem 21.01.1759: „Ich bin hartnäckig für den Dienst des Königs. Und ich werde nicht davon ablassen."

Zuvor hat sie den österreichischen Staatskanzler Kaunitz nach den quälenden Niederlagen bei Roßbach und Leuthen aufgemuntert: „Ich hasse den Sieger mehr, als ich es jemals getan habe. Treffen wir also gute Vorkehrungen; Pulverisieren wir den Attila des Nordens! Dann werden Sie mich ebenso zufrieden sehn, wie ich jetzt sehr schlechter Laune bin."

Mit dem zentraleuropäischen Kriegsgeschehen von 1756 bis 1763 erschöpft sich vor allem aus deutscher Sicht zumeist das Interesse an den waffenmäßigen Auseinandersetzungen jenes 18. Jahrhunderts. Dabei hat gleichzeitig ein zweiter Siebenjähriger Krieg von 1756 bis 1763 stattgefunden. Zwar nur zwischen den Großmächten Frankreich und England. Doch in weit ausladenderen Verhältnissen und Proportionen.

Dank und kraft seiner Insellage wächst England wie selbstverständlich in den Stellenwert einer seebeherrschenden Macht hinein.

Zunächst sieht es seinen Hauptkonkurrenten in Spanien, das in Lateinamerika fleißig kolonisiert. Dessen stolze Armada-Flotte besiegt England bereits im Jahre 1588. Inzwischen hat nun jedoch zu des Sonnenkönigs Zeiten auch Frankreich maritim aufgerüstet und sich vor allem - ebenfalls kolonisationshalber - in Nordamerika wie in Südindien festgesetzt. Das muss sich für England zumindest zu einem Störfaktor ausweiten.

Leichte, zunächst noch beherrschbare Zusammenstöße gibt es zwischen englischen und französischen Militäreinheiten in Kanada, wo die Grenzlinien beider Staaten nicht eindeutig verlaufen. Zwischenfälle vor allem im Areal rings um Montreal. Von Quebec her weiten die Franzosen ihren Vormarsch aus. Erobern Louisiana. Ein englisches Geschwader wird in das gleiche Operationsgebiet entsandt. Im Juni 1755 stoßen die Engländer auf französische Seestreitkräfte, kapern zwei von ihren Schiffen und nehmen 800 ihrer Matrosen gefangen.

Das erfährt König Ludwig XV. am 18.07.1755 im Park von Compiègne und ruft sofort seinen Gesandten, den Herzog von Mirepoix, aus London zurück. Nach eingehenden Beratungen über die sich gefährlich zuspitzende Situation stellt er am 21.12.1755 der englischen Regierung ein Ultimatum: Rückgabe jener gekaperten Schiffe und ihrer Besatzung. London lehnt ab.

Inzwischen hat das französische Zentralmarineamt einige kleine Erfolge zu verzeichnen: Die Flotte Ludwigs XV. erobert Menorca. Wirft die Engländer auf Gibraltar zurück. Besetzt Korsika. Obsiegt bei einigen Geplänkeln sogar im Kanadischen. Wo dann eine Art Guerillakrieg einsetzt.

Auf dem Atlantik jedoch überfällt ein englisches Geschwader französische Handelsschiffe, plündert sie und nimmt dabei etwa 6.000 französische Schiffsbedienstete gefangen. Das ist das Signal! Noch Ende 1755 erklärt Ludwig XV. England den Krieg.

Etwa ein halbes Jahr später nimmt der französische General Louis-Joseph Montcalm in Nordamerika Oswego im Ohiotal, danach das Fort William-Henry ein. Danach führt er eher konzeptionslose Einzelaktionen auf kanadischem Boden aus. Am 13.09.1759 fällt er vor Quebec in der Schlacht. Montreal fällt ebenfalls an die Engländer.

Auch anderswo befindet sich Frankreich jetzt auf der Verliererseite. In Indien wird es gewaltsam aus seinen Besitzungen vertrieben. Im Marineministerium plant man jetzt sogar einen direkten Eroberungsschlag gegen die britische Insel. Indessen vernichten die englischen Seestreitkräfte 1759 in der Seeschlacht bei den Cardinaux-Inseln vor Quiberon die französischen Geschwader fast vollständig. Deren Restbestände flüchten in französische Häfen an der Atlantikküste. Dort, vor allem vor Brest, werden sie von Englands Marine blockiert. Die Küstenstreifen sind ernsthaft bedroht. Chefminister Choiseul hofft immer noch auf Unterstützung durch Spanien. Doch im Sommer 1762 besiegt das maritime England auch die spanische Flotte.

Das wirtschaftlich nun fast zusammenbrechende Frankreich, das gleichwohl an der europäischen Territorialfront kaum Einbußen hinnehmen muss, verliert Kanada. Dazu alles Land östlich des Mississippis. Großzügig belässt ihm Sieger England, nunmehr unangefochtener Herr der Weltmeere, einige kleine Stützpunkte in Dakar, Martinique, Guadeloupe, Santo Domingo und sogar an Indiens Küste.

Am 10. Februar 1763 wird in Paris der Friedensvertrag zwischen England und Frankreich unterzeichnet. Choiseul glaubt, dass sein Land dennoch glimpflich davongekommen ist.

So optimistisch auch Choiseul die so entstandene Situation für die Grande Nation bewertet, so gegenteilig macht sich die französische Volksmeinung Luft. Verloren ist die große Kolonie Kanada, verloren ist der Krieg gegen England. Seine Subsidien an Maria Theresia hatte Frankreich bereits um ein volles Drittel reduziert. Leere Staatskassen! Dem Land droht der Bankrott. Dessen begüterte Bürger sollen opferbereit ihre Pretiosen zur Münze bringen. Der Anstieg der Lebenshaltungskosten bringt die ärmeren Volksschichten erst recht gegen die Krone auf. Eine Reihe von Missernten steigert zusätzlich die um sich greifende Hungersnot. In den meisten Landstrichen brachliegende Ackerflächen, fast verödete Feldareale. Von der immer mehr niederdrückenden Steuerlast ganz abgesehen.

Hatte das Attentat jenes Damiens 1757 auf König Ludwig XV. noch Anteilnahme für ihn bei einem Teil der Bevölkerung ausgelöst, so sieht der sich jetzt am Ende des verlorenen Krieges den Schmähungen und Verwünschungen seitens der meisten seiner Untertanen ausgesetzt. Mehr noch als gegen seine Finanzfachleute und militärisch Kriegslenkenden in der Regierung entlädt sich der allgemeine Hass gegen den Königs Mätresse en titre, die jene katastrophale Entwicklung letzten Endes zu verantworten habe.

Die Pompadour wagt sich nicht mehr unter die Menschen auf der Straße. Weder in der Kutsche noch in der Sänfte noch gar zu Fuß. Den Verlust ihres innigst geliebten Kindes, der Tochter Alexandrine, hat sie nun bereits ein Jahrzehnt - 1754 bis 1764 - mit sich herumtragen müssen. Ihrer Kammerfrau vertraut sie an: „Mit dem Tod meiner Tochter endete mein ganzes Glück." Körperlich wie seelisch fühlt sie sich am qualvollen Ende. Ihr letztes Bildnis, noch im Jahre 1763 von Francois-Hubert Drouais gemalt, zeigt das völlige Dahinschwinden ihrer aparten erotischen Reize. Und diese Frau hatte die Jahre hindurch dank ihres Liebhabers auf dem Thron Schätze über Schätze für sich angehäuft!

Jetzt stöhnt sie unter den fiebrigen Attacken einer chronischen Bronchitis. Immer öfter muss sie Blut spucken. Zunehmende Herzbeschwerden! Eine Lungentuberkolose wird bei ihr diagnostiziert. Am Krankenbett besucht sie regelmäßig Ludwig XV., der so lange Zeit hindurch „Heißgeliebte". Oder „Euer schwacher Monarch, Spielzeug der Pompadour, durch mehr als einen Schandfleck der Liebe gebrandmarkt", wie Friedrich II. von Preußen den Franzosen gehässig zuruft. Noch abwertender der eigene Landsmann Diderot, einer der literarischen Wegbereiter der späteren Revolution: „Was bleibt von dieser Frau übrig, die uns der Männer und des Geldes, der Ehre und der Energie beraubt und die europäische Ordnung durcheinander gebracht hat?"

Am 13. April 1764 leidet die Dreiundvierzigjährige unter beängstigender Atemnot. Zwei Tage später lässt sie nach dem Priester rufen. Von ihm erhält sie die Sterbesakramente. Am Abend jenes 15. April 1764 stirbt sie.

An ihrem Lager erfasst Ludwig ausweglose Trauer. Doch die Hofetikette verbietet ihm, sie angemessen in der Öffentlichkeit zu betrauern. Die Beisetzung erfolgt in einer Gruft des Pariser Kapuzinerklosters.

Unter dem 20. April 1764 schreibt die Königin an einen Freund: „Seit sie uns verlassen hat, wird von ihr nicht mehr gesprochen; es ist, als hätte sie nie gelebt." Bald scheiden auch die Königin, der Dauphin und die Dauphine aus dem Leben.

Das Vermögen der Pompadour fällt an ihren Bruder Abel Poisson als Alleinerben. Auf dem Auktionswege lässt er Häuser, Mobiliar und Gärten seiner Schwester verkaufen. Deren Bibliothek bringt ihm 41.940 Livres, deren Schmuckpretiosen sogar 284.059 Livres ein. Schloss Bellevue fällt an die Krone zurück.

In der Folgezeit gelingt es Ludwig XV., den permanenten Widerstand der jansenistischen Parlamente zu brechen. Das nun provoziert Zornesausbrüche und Schmähhrufe in den Volksmassen gegen ihn, was sich - er stirbt am 10. Mai 1774, also zehn Jahre nach der Pompadour - auch bei seinem Tod und Begräbnis lautstark äußert.

Vielleicht hat ihn der Tod infolge von Kinderblattern noch rechtzeitig erlöst. Seine spätere Mätresse en titre, die Dubarry, die von ihm eine Jahrespension in Höhe von 1.200.000 Livres erhält, sowie sein Thronfolger und Enkel, Ludwig XVI., nebst dessen Frau, Königin Maria Antoinette, enden unter der Guillotine Robespierres nach Ausbruch der Französischen Revolution von 1789.

Vor ihrem Tod hat Madame Pompadour jedoch noch eine letzte Freude erlebt: Das Wunderkind Wolfgang Amadeus Mozart aus Salzburg lässt sich mitten im Rokokoambiente eines Versailler Musikkabinettes vor ihr auf dem Cembalo hören.

Zeitfracht Medien GmbH
Ferdinand-Jühlke-Straße 7
99095 Erfurt, Deutschland
produktsicherheit@kolibri360.de